PAUL VALÉRY

LA JEUNE PARQUE

ÉDITIONS DE LA NOUVELLE REVUE FRANÇAISE
35 ET 37, RUE MADAME, PARIS. 1917

LA JEUNE PARQUE

IL A ÉTÉ TIRÉ DE CE POËME 25 EXEMPLAIRES HORS COMMERCE SUR JAPON IMPÉRIAL ANCIEN NUMÉROTÉS DE I A XXV ET 575 EXEMPLAIRES SUR VERGÉ D'ARCHES NUMÉROTÉS DE 1 A 575

EXEMPLAIRE N° 198

PAUL VALÉRY

LA JEUNE PARQUE

ÉDITIONS DE LA NOUVELLE REVUE FRANÇAISE
35 ET 37, RUE MADAME, PARIS. 1917

A ANDRÉ GIDE

Depuis bien des années, j'avais laissé l'art des vers; essayant de m'y astreindre encore, j'ai fait cet exercice, que je te dédie.

P. V.

Qui pleure là, sinon le vent simple, à cette heure
Seule avec diamants extrêmes ?.. Mais qui pleure
Si proche de moi-même au moment de pleurer ?

Cette main, sur mes traits qu'elle rêve effleurer,
Distraitement docile à quelque fin profonde,
Attend de ma faiblesse une larme qui fonde,
Et que de mes destins lentement divisé,
Le plus pur en silence éclaire un cœur brisé..

La houle me murmure une ombre de reproche,
Ou retire ici bas, dans ses gorges de roche,
Comme chose déçue et bue amèrement,
Une rumeur de plainte et de resserrement..

Que fais-tu, hérissée, et cette main glacée,
Et quel frémissement d'une feuille effacée
Persiste parmi vous, îles de mon sein nu ?

Je scintille, liée à ce ciel inconnu..
L'immense grappe brille à ma soif de désastres.

Tout puissants étrangers, inévitables astres
Qui daignez faire luire au lointain temporel
Je ne sais quoi de pur et de surnaturel;
Vous, qui dans les mortels plongez jusques aux larmes
Ces souverains éclats, ces invincibles armes,
Et les élancements de votre éternité,
Je suis seule avec vous, tremblante, ayant quitté
Ma couche; et sur l'écueil mordu par la merveille,
J'interroge mon cœur quelle douleur l'éveille,
Quel crime par moi-même ou sur moi consommé?..

.. Ou si le mal me suit d'un songe refermé
Quand (au velours du souffle envolé l'or des lampes)
J'ai de mes bras épais environné mes tempes
Et longtemps de mon âme attendu les éclairs?

Toute ! Mais toute à moi, maîtresse de mes chairs,
Durcissant d'un frisson leur étrange étendue
Et dans mes doux liens, à mon sang suspendue,
Je me voyais me voir, sinueuse, et dorais
De regards en regards, mes profondes forêts.

J'y suivais un serpent qui venait de me mordre.

Quel repli de désirs, sa traîne !.. Quel désordre
De trésors s'arrachant à mon avidité,
Et quelle sombre soif de la limpidité !

O ruse !.. A la lueur de la douleur laissée
Je me sentis connue encor plus que blessée..

Au plus traître de l'âme, une pointe me naît;
Le poison, mon poison, m'éclaire et se connaît :
Il colore une vierge à soi même enlacée,
Jalouse.. Mais de qui, jalouse et menacée?
Et quel silence parle à mon seul possesseur?

Dieux! Dans ma lourde plaie une secrète sœur
Brûle!... qui se préfère à l'extrême attentive..

Va! je n'ai plus besoin de ta race naïve,
Cher serpent.. Je m'enlace, être vertigineux!
Cesse de me prêter ce mélange de nœuds
Ni ta fidélité qui me fuit et devine..
Mon âme y peut suffire, ornement de ruine!
Elle sait, sur mon ombre égarant ses tourments,
De mon sein, dans les nuits, mordre les rocs charmants;
Elle y suce longtemps le lait des rêveries..
Laisse donc défaillir ce bras de pierreries
Qui menace d'amour mon sort spirituel..
Tu ne peux rien sur moi qui ne soit moins cruel,
Moins désirable.. Apaise alors, calme ces ondes,
Rappelle ces remous, ces promesses immondes..
Ma surprise s'abrège, et mes yeux sont ouverts.
Je n'attendais pas moins de mes riches déserts
Qu'un tel enfantement de fureur et de tresse :
Leurs fonds passionnés brillent de sécheresse
Si loin que je m'avance et m'altère pour voir
De mes enfers pensifs les confins sans espoir..

Je sais.. Ma lassitude est parfois un théâtre.
L'esprit n'est pas si pur que jamais idolâtre
Sa fougue solitaire aux élans de flambeau
Ne fasse fuir les murs de son morne tombeau.
Tout peut naître ici bas d'une attente infinie.
L'ombre même le cède à certaine agonie,
L'âme avare s'entr'ouvre, et du monstre s'émeut
Qui se tord sur le pas d'une porte de feu..
Mais, pour capricieux et prompt que tu paraisses,
Reptile, ô vifs détours tout courus de caresses,
Si proche impatience et si lourde langueur,
Qu'es tu, près de ma nuit d'éternelle longueur ?
Tu regardais dormir ma belle négligence..
Mais avec mes périls, je suis d'intelligence,
Plus versatile, ô Thyrse, et plus perfide qu'eux.
Fuis moi.. Du noir retour reprends le fil visqueux !
Va chercher des yeux clos pour tes danses massives,
Coule vers d'autres lits tes robes successives,
Couve sur d'autres cœurs les germes de leur mal,
Et que dans les anneaux de ton rêve animal
Halète jusqu'au jour l'innocence anxieuse !..

Moi, je veille. Je sors, pâle et prodigieuse,
Toute humide des pleurs que je n'ai point versés,
D'une absence aux contours de mortelle bercés
Par soi seule.. Et brisant une tombe sereine,
Je m'accoude inquiète et pourtant souveraine,
Tant de mes visions parmi la nuit et l'œil,
Les moindres mouvements consultent mon orgueil. »

Mais je tremblais de perdre une douleur divine !
Je baisais sur ma main cette morsure fine,
Et je ne savais plus de mon antique corps
Insensible, qu'un feu qui brûlait sur mes bords :

Adieu, pensai-je, MOI, mortelle sœur, mensonge..

Harmonieuse Moi, différente d'un songe,
Femme flexible et ferme aux silences suivis
D'actes purs !.. Front limpide, et par ondes ravis,
Si loin que le vent vague et velu les achève,
Longs brins légers qu'au large un vol mêle et soulève,
Dites !.. J'étais l'égale et l'épouse du jour,
Seul support souriant que je formais d'amour
A la toute puissante altitude adorée..

Quel éclat sur mes cils aveuglément dorée,
O paupières qu'opprime une nuit de trésor,
Je priais à tâtons dans vos ténèbres d'or !
Poreuse à l'éternel qui me semblait m'enclore,
Je m'offrais dans mon fruit de velours qu'il dévore ;
Rien ne me murmurait qu'un désir de mourir
Dans cette blonde pulpe au soleil pût mûrir :
Mon amère saveur ne m'était point venue.
Je ne sacrifiais que mon épaule nue
A la lumière ; et sur cette gorge de miel,
Dont la tendre naissance accomplissait le ciel,
Se venait assoupir la figure du monde.

Puis, dans le dieu brillant, captive vagabonde,
Je m'ébranlais brûlante et foulais le sol plein,
Liant et déliant mes ombres sous le lin.
Heureuse! A la hauteur de tant de gerbes belles,
Qui laissais à ma robe obéir les ombelles,
Dans les abaissements de leur frêle fierté;
Et si, contre le fil de cette liberté,
Si la robe s'arrache à la rebelle ronce,
L'arc de mon brusque corps s'accuse et me prononce,
Nu sous le voile enflé de vivantes couleurs
Que dispute ma race aux longs liens de fleurs!

Je regrette à demi cette vaine puissance..

Une avec le désir, je fus l'obéissance
Imminente attachée à ces genoux polis;
De mouvements si prompts mes vœux étaient remplis
Que je sentais ma cause à peine plus agile!
Vers mes sens lumineux nageait ma blonde argile,
Et dans l'ardente paix des songes naturels,
Tous ces pas infinis me semblaient éternels.

Si ce n'est, ô Splendeur, qu'à mes pieds l'ennemie,
Mon ombre ! la mobile et la souple momie,
De mon absence peinte effleurait sans effort
La terre où je fuyais cette légère mort.
Entre la rose et moi, je la vois qui s'abrite;
Sur la poudre qui danse, elle glisse, et n'irrite
Nul feuillage, mais passe et se brise partout..
Glisse! Barque funèbre..

Et moi vive, debout,
Dure, et de mon néant secrètement armée
Mais comme par l'amour une joue enflammée
Et la narine jointe au vent de l'oranger,
Je ne rends plus au jour qu'un regard étranger..
Oh ! combien peut grandir dans ma nuit curieuse
De mon cœur séparé la part mystérieuse,
Et de sombres essais s'approfondir mon art !..
Loin des purs environs, je suis captive.. et par
L'évanouissement d'aromes abattue,
Je sens sous les rayons, frissonner ma statue,
Des caprices de l'or, son marbre parcouru.
Mais je sais ce que voit mon regard disparu ;
Mon œil noir est le seuil d'infernales demeures !

Je pense, abandonnant à la brise les heures
Et l'âme sans retour des arbustes amers,
Je pense, sur le bord doré de l'univers,
A ce goût de périr qui prend la Pythonisse
En qui mugit l'espoir que le monde finisse.
Je renouvelle en moi mes énigmes, mes dieux,
Mes pas interrompus de paroles aux cieux,
Mes pauses, sur le pied portant la rêverie
Qui suit au miroir d'aile un oiseau qui varie,
Cent fois sur le soleil joue avec le néant,
Et brûle, au sombre but de mon marbre béant.

O dangereusement de son regard la proie !

Car l'œil spirituel sur ses plages de soie
Avait déjà vu luire et pâlir trop de jours
Dont je m'étais prédit les couleurs et le cours.
L'ennui, le clair ennui de mirer leur nuance,
Me donnait sur ma vie une funeste avance :
L'aube me dévoilait tout le jour ennemi.
J'étais à demi morte, et peut-être, à demi
Immortelle, rêvant que le futur lui même
Ne fut qu'un diamant fermant le diadème
Où s'échange le froid des malheurs qui naîtront
Parmi tant d'autres feux absolus de mon front.

Osera-t-il, le Temps, de mes diverses tombes,
Ressusciter un soir favori des colombes,
Un soir qui traîne au fil d'un lambeau voyageur
De ma facile enfance un reflet de rougeur,
Et trempe à l'émeraude un long rose de honte ?

Souvenir, ô bûcher, dont le vent d'or m'affronte,
Souffle au masque la pourpre imprégnant le refus
D'être moi même en flamme une autre que je fus..
Viens, mon sang, viens rougir la pâle circonstance
Qu'ennoblissait l'azur de la sainte distance,
Et l'insensible iris du temps que j'adorai!
Viens consumer sur moi ce don décoloré;
Viens! que je reconnaisse et que je les haïsse,
Cette ombrageuse enfant, ce silence complice,
Ce trouble transparent qui baigne dans les bois..
Et de mon sein glacé rejaillisse la voix
Que j'ignorais si rauque et d'amour si voilée,..
Le col charmant cherchant la chasseresse ailée.

Mon cœur fut il si près d'un cœur qui va faiblir?

Fut ce bien moi, grands cils, qui crus m'ensevelir
Dans l'arrière douceur riant à vos menaces..
O pampres! Sur ma joue errant en fils tenaces,
Ou toi.. de cils tissus et de fluides fûts,
Tendre lueur d'un soir brisé de bras confus?

« Que dans le ciel placés, mes yeux tracent mon temple!
Et que sur moi repose un autel sans exemple! »

Criaient de tout mon corps la pierre et la pâleur..
La Terre ne m'est plus qu'un bandeau de couleur
Qui coule et se refuse au front blanc de vertige..
Tout l'univers chancelle et tremble sur ma tige,
La pensive couronne échappe à mes esprits,
La mort veut respirer cette rose sans prix
Dont la douceur importe à sa fin ténébreuse!

Que si ma tendre odeur grise ta tête creuse,
O mort, respire enfin cette esclave de roi :
Appelle moi, délie!.. Et désespère moi,
De moi même si lasse, image condamnée!
Écoute.. N'attends plus.. La renaissante année
A tout mon sang prédit de secrets mouvements :
Le gel cède à regret ses derniers diamants..

Demain, sur un soupir des bontés constellées,
Le printemps vient briser les fontaines scellées,
L'étonnant printemps rit, viole.. on ne sait d'où
Venu? Mais la candeur ruisselle à mots si doux
Qu'une tendresse prend la terre à ses entrailles..
Les arbres regonflés et recouverts d'écailles
Chargés de tant de bras et de trop d'horizons,
Meuvent sur le soleil leurs tonnantes toisons,
Montent dans l'air amer avec toutes les ailes
De feuilles par milliers qu'ils se sentent nouvelles..
N'entends-tu pas frémir ces noms aériens,
O Sourde !.. Et dans l'espace accablé de liens,
Vibrant de bois vivace infléchi par la cime,
Pour et contre les dieux, ramer l'arbre unanime,
La flottante forêt de qui les rudes troncs
Portent pieusement à leurs fantasques fronts,
Aux déchirants départs des archipels superbes,
Un fleuve tendre, ô mort, et caché sous les herbes?

Quelle résisterait, mortelle, à ces remous?
Quelle mortelle?..

Moi si pure, mes genoux
Pressentent les terreurs de genoux sans défense..
L'air me brise. L'oiseau perce de cris d'enfance
Inouïs.. l'ombre même où se serre mon cœur,
Et roses ! mon soupir vous soulève, vainqueur
Hélas ! des bras si doux qui ferment la corbeille..
Oh ! parmi mes cheveux pèse d'un poids d'abeille,
Plongeant toujours plus ivre au baiser plus aigu,
Le point délicieux de mon jour ambigu..
Lumière !.. Ou toi, la mort ! Mais le plus prompt me prenne !
Mon cœur bat ! mon cœur bat !.. Mon sein brûle et m'entraîne..
Ah ! qu'il s'enfle, se gonfle et se tende, ce dur
Très doux témoin captif de mes réseaux d'azur..
Dur en moi.. mais si doux à la bouche infinie !..

Chers fantômes naissants dont la soif m'est unie,
Désirs ! Visages clairs !.. Et vous, beaux fruits d'amour,
Les dieux m'ont ils formé ce maternel contour
Et ces bords sinueux, ces plis et ces calices,
Pour que la vie embrasse un autel de délices,
Où mêlant l'âme étrange aux éternels retours,

La semence, le lait, le sang coulent toujours?
Non! L'horreur m'illumine, exécrable harmonie!
Chaque baiser présage une neuve agonie..
Je vois, je vois flotter, fuyant l'honneur des chairs
Des mânes impuissants les millions amers..
Non, souffles! Non, regards, tendresses,.. mes convives,
Peuple altéré de moi suppliant que tu vives,
Non, vous ne tiendrez pas de moi la vie!.. Allez,
Spectres! Soupirs la nuit vainement exhalés,
Allez joindre des morts ces impalpables nombres!
Je n'accorderai pas la lumière à des ombres,
Je garde loin de vous, l'esprit sinistre et clair..
Non! Vous ne tiendrez pas de mes lèvres l'éclair!..
Et puis.. mon cœur aussi vous refuse sa foudre..
J'ai pitié de nous tous, ô tourbillons de poudre!
Grands dieux! Je perds en vous mes pas déconcertés!

Je n'implorerai plus que tes faibles clartés,

Longtemps sur mon visage envieuse de fondre,
Très imminente larme, et seule à me répondre,
Larme qui fais trembler à mes regards humains
Une variété de funèbres chemins.
Tu procèdes de l'âme, orgueil du labyrinthe.
Tu me portes du cœur cette goutte contrainte,
Cette distraction de mon suc précieux
Qui vient sacrifier mes ombres sur mes yeux,
Tendre libation de l'arrière-pensée !
D'une grotte de crainte au fond de moi creusée
Le sel mystérieux suinte muette l'eau.
D'où nais-tu ? Quel travail toujours triste et nouveau
Te tire avec retard, larme, de l'ombre amère ?
Tu gravis mes degrés de mortelle et de mère,
Et déchirant ta route, opiniâtre faix,
Dans le temps que je vis, les lenteurs que tu fais
M'étouffent.. Je me tais, buvant ta marche sûre..
— Qui t'appelle au secours de ma jeune blessure ?

Mais blessure, sanglots, sombres essais, pourquoi ?
Pour qui, joyaux cruels, marquez vous ce corps froid,

Aveugle aux doigts ouverts évitant l'espérance !
Où va-t-il, sans répondre à sa propre ignorance,
Ce corps dans la nuit noire étonné de sa foi ?

Terre trouble.. et mêlée à l'algue, porte moi,
Porte doucement moi.. Ma faiblesse de neige
Marchera-t-elle tant qu'elle trouve son piège ?
Où traîne-t-il, mon cygne, où cherche-t-il son vol ?

.. Dureté précieuse.. O sentiment du sol,
Mon pas fondait sur toi l'assurance sacrée !
Mais sous le pied vivant qui tâte et qui la crée
Et touche avec horreur à son pacte natal,
Cette terre si ferme atteint mon piédestal.
Non loin, parmi ces pas, rêve mon précipice..
L'insensible rocher, glissant d'algues, propice
A fuir (comme en soi même ineffablement seul)
Commence.. Et le vent semble au travers d'un linceul
Ourdir de bruits marins une confuse trame,
Mélange de la lame en ruine, et de rame..
Tant de hoquets longtemps, et de râles heurtés,

Brisés, repris au large... et tous les sorts jetés
Eperduement divers roulant l'oubli vorace..

Hélas ! De mes pieds nus qui trouvera la trace
Cessera-t-il longtemps de ne songer qu'à soi ?

Terre trouble, et mêlée à l'algue, porte moi !

Mystérieuse Moi, pourtant, tu vis encore !...
Tu vas te reconnaître au lever de l'aurore
Amèrement la même..

Un miroir, de la mer
Se lève.. Et sur la lèvre, un sourire d'hier
Qu'annonce avec ennui l'effacement des signes,
Glace dans l'orient déjà les pâles lignes,
La montagneuse épine et la pleine prison
Où flottera l'anneau de l'unique horizon..

Regarde : un bras très pur est vu, qui se dénude.
Je te revois, mon bras.. Tu portes l'aube..

O rude
Réveil d'une victime inachevée,.. et seuil
Si doux.. si clair.. que flatte, affleurement d'écueil,
L'onde basse, et que lave une houle amortie !..

L'ombre qui m'abandonne, impérissable hostie,
Me découvre vermeille à de nouveaux désirs,
Sur le terrible autel de tous mes souvenirs.

Là, l'écume s'efforce à se faire visible;
Et là, titubera sur la barque sensible
A chaque épaule d'onde, un pêcheur éternel.

Tout va donc accomplir son acte solennel
De toujours reparaître incomparable et chaste,
Et de restituer la tombe enthousiaste
Au gracieux état du rire universel.

Salut ! Divinités par la rose et le sel,
Et les premiers jouets de la jeune lumière,
Iles !.. Ruches bientôt, quand la flamme première
Fera que votre roche, îles que je prédis,
Ressente en rougissant de puissants paradis ;
Cimes qu'un feu féconde à peine intimidées,
Bois qui bourdonnerez de bêtes et d'idées,
D'hymnes d'hommes comblés des dons du juste éther,
Iles !.. dans la rumeur des ceintures de mer,
Mères vierges toujours, même portant ces marques,
Vous m'êtes à genoux de merveilleuses Parques :
Rien n'égale dans l'air les fleurs que vous placez,
Mais dans la profondeur, que vos pieds sont glacés !

De l'âme les apprêts sous la tempe calmée,
Ma mort, enfant secrète et déjà si formée,
Et vous, divins dégoûts qui me donniez l'essor,
Chastes éloignements des lustres de mon sort,
Ne fûtes vous, ferveur, qu'une noble durée?
Nulle jamais des dieux plus près aventurée
N'osa peindre à son front leur souffle ravisseur,
Et de la nuit parfaite implorant l'épaisseur,
Prétendre par la lèvre au suprême murmure.

Je soutenais l'éclat de la mort toute pure
Telle j'avais jadis le soleil soutenu..
Mon corps désespéré tendait le torse nu
Où l'âme, ivre de soi, de silence et de gloire,

Prête à s'évanouir de sa propre mémoire,
Écoute, avec espoir, frapper au mur pieux
Ce cœur, — qui se ruine à coups mystérieux
Jusqu'à ne plus tenir que de sa complaisance
Un frémissement fin de feuille, ma présence..

Attente vaine, et vaine.. Elle ne peut mourir
Qui devant son miroir, pleure pour s'attendrir.

O n'aurait il fallu, folle, que j'accomplisse
Ma merveilleuse fin de choisir pour supplice
Ce lucide dédain des nuances du sort?
Trouveras tu jamais plus transparente mort,
Ni de pente plus pure où je rampe à ma perte
Que sur ce long regard de victime entr'ouverte,
Pâle, qui se résigne et saigne sans regret?
Que lui fait tout le sang qui n'est plus son secret?
Dans quelle blanche paix cette pourpre la laisse,
A l'extrême de l'être, et belle de faiblesse!
Elle calme le temps qui la vient abolir,
Le moment souverain ne la peut plus pâlir,
Tant la chair vide baise une sombre fontaine!..
Elle se fait toujours plus seule et plus lointaine..
Et moi, d'un tel destin, le cœur toujours plus près,
Mon cortège, en esprit, se berçait de cyprès..
Vers un aromatique avenir de fumée,
Je me sentais conduite, offerte et consumée,
Toute, toute promise aux nuages heureux!

Même, je m'apparus cet arbre vaporeux,
De qui la majesté légèrement perdue
Verse, source visible à la toute étendue,
Et gagne le géant de la ténuité.
Je chancelle.. L'encens s'appuie à l'unité
Où les corps radieux tremblent dans mon essence..

Non, non!.. N'irrite plus cette réminiscence!
Sombre lys! Ténébreuse allusion des cieux,
Ta vigueur n'a pu rompre un vaisseau précieux..
Parmi tous les instants tu touchais au suprême..
— Mais qui l'emporterait sur la puissance même,
Avide par tes yeux de contempler le jour
Qui s'est choisi ton front pour lumineuse tour?

Cherche, du moins, dis toi par quelle sourde suite
La nuit d'entre les morts au jour t'a reconduite?
Souviens toi de toi même, et retire à l'instinct
Ce fil, (ton doigt doré le dispute au matin)

Ce fil, dont la finesse aveuglément suivie
Jusque sur cette rive a ramené ta vie..
Sois subtile.. cruelle.. ou plus subtile !.. Mens
Mais sache !.. Enseigne-moi par quels enchantements,
Lâche que n'a su fuir sa tiède fumée
Ni le souci d'un sein d'argile parfumée,
Par quel retour sur toi, reptile, as tu repris
Tes parfums de caverne et tes tristes esprits ?

Hier la chair profonde, hier, la chair maîtresse
M'a trahie.. Oh ! sans rêve, et sans une caresse !..
Nul démon, nul parfum ne m'offrit le péril
D'imaginaires bras mourant au col viril ;
Ni, par le Cygne-Dieu, de plumes offensée
Sa brûlante blancheur n'effleura ma pensée..

Il eût connu pourtant le plus tendre des nids !
Car toute à la faveur de mes membres unis,
Vierge, je fus dans l'ombre une adorable offrande..
Mais le sommeil s'éprit d'une douceur si grande,
Et nouée à moi même au creux de mes cheveux

J'ai mollement perdu mon empire nerveux.
Au milieu de mes bras, je me suis faite une autre..
Qui s'aliène?.. Qui s'envole?.. Qui se vautre?..
A quel détour caché, mon cœur s'est il fondu?
Quelle conque a redit le nom que j'ai perdu?
Le sais je, quel reflux traître m'a retirée
De mon extrémité pure et prématurée,
Et m'a repris le sens de mon vaste soupir?
Comme l'oiseau se pose, il fallut m'assoupir.

Ce fut l'heure, peut être, où la devineresse
Intérieure s'use et se désintéresse :
Elle n'est plus la même.. Une profonde enfant
Des degrés inconnus vainement se défend,
Et redemande au loin ses mains abandonnées.
Il faut céder aux vœux des mortes couronnées
Et prendre pour visage un souffle..

Doucement,
Me voici : mon front touche à ce consentement..
Ce corps, je lui pardonne, et je goûte à la cendre.
Je me remets entière au bonheur de descendre,

Ouverte aux noirs témoins, les bras suppliciés,
Entre des mots sans fin, sans moi balbutiés.

Dors, ma sagesse, dors. Forme toi cette absence ;
Retourne dans le germe et la sombre innocence,
Abandonne toi vive aux serpents, aux trésors...
Dors toujours ! Descends, dors toujours ! Descends, dors, dors !

(La porte basse, c'est une bague.. où la gaze
Passe.. Tout meurt, tout rit dans la gorge qui jase..
L'oiseau boit sur ta bouche et tu ne peux le voir..
Viens plus bas, parle bas.. Le noir n'est pas si noir..)

Délicieux linceuls, mon désordre tiède,
Couche où je me répands, m'interroge et me cède,
Où j'allai de mon cœur noyer les battements,
Presque tombeau vivant dans mes appartements,
Qui respire, et sur qui l'éternité s'écoute,
Place pleine de moi qui m'avez prise toute,
O forme de ma forme et la creuse chaleur
Que mes retours sur moi reconnaissaient la leur,
Voici que tant d'orgueil qui dans vos plis se plonge
A la fin se mélange aux bassesses du songe!
Dans vos nappes, où lisse elle imitait sa mort
L'idole, malgré soi se dispose et s'endort,
Lasse femme absolue, et les yeux dans ses larmes,
Quand, de ses secrets nus les antres et les charmes,
Et ce reste d'amour que se gardait le corps
Corrompirent sa perte et ses mortels accords.

Arche toute secrète, et pourtant si prochaine,
Mes transports, cette nuit, pensaient briser ta chaîne;
Je n'ai fait que bercer de lamentations
Tes flancs chargés de jours et de créations!
Quoi! mes yeux froidement que tant d'azur égare,
Regardent là périr l'étoile fine et rare,
Et ce jeune soleil de mes étonnements
Me paraît d'une aïeule éclairer les tourments,
Tant sa flamme aux remords ravit leur existence,
Et compose d'aurore une chère substance
Qui se formait déjà substance d'un tombeau!..
Que, sur toute la mer, sur mes pieds, qu'il est beau!
Tu viens!.. Je suis toujours celle que tu respires,
Mon voile évaporé me fuit vers tes empires..

.. Alors, n'ai je formé, vains adieux, si je vis,
Que songes?.. Si je viens, en vêtements ravis,
Sur ce bord, sans horreur, humer la haute écume,
Boire des yeux l'immense et riante amertume,
L'être contre le vent, dans le plus vif de l'air,
Recevant au visage un appel de la mer;

Si l'âme intense souffle, et renfle furibonde
L'onde abrupte sur l'onde abattue, et si l'onde
Au cap tonne, et me trempe à l'insulte des jeux
Immortels ! immolant un monstre d'or neigeux,
Si la tempête t'ouvre, ivre manteau sans tache
Que ma victoire adverse à l'invisible arrache,
Et sur toute la peau que morde l'âpre éveil,
Alors, malgré moi même, il le faut, ô soleil
Que je l'adore, lui qui mes ombres pénètre..

Je te chéris, éclat qui semblais me connaître,
Et vers qui se soulève une vierge de sang
Sous les espèces d'or d'un sein reconnaissant !

ACHEVÉ D'IMPRIMER LE TRENTE
AVRIL MIL NEUF CENT DIX-SEPT
PAR JULIEN CRÉMIEU, RUE
PIERRE-DUPONT, SURESNES, SEINE

www.ingramcontent.com/pod-product-compliance
Ingram Content Group UK Ltd.
Pitfield, Milton Keynes, MK11 3LW, UK
UKHW022144170726
13837UKWH00004B/1774

9 782329 215334